VOZES D'ÁFRICA

CASTRO ALVES

APRESENTAÇÃO
NEI LOPES

ILUSTRAÇÕES
ANDRÉ CÔRTES

COORDENAÇÃO EDITORIAL
LAURA VAN BOEKEL CHEOLA

REVISÃO
ALESSANDRA VOLKERT
CAROLINA RODRIGUES

PROJETO GRÁFICO E DIAGRAMAÇÃO
STUDIO CREAMCRACKERS

CIP-BRASIL. CATALOGAÇÃO-NA-FONTE
SINDICATO NACIONAL DOS EDITORES DE LIVROS, RJ

A477v

Alves, Castro, 1847-1871
    Vozes d'África / Castro Alves; 1ª edição; apresentação de Nei Lopes; ilustrações de André Côrtes. - Rio de Janeiro : Escrita Fina, 2010.
    48p.: il.

    ISBN 978-85-63248-10-7

    1. Escravidão - África - Literatura infantojuvenil. 2. Escravos - Tráfico - África - Literatura infantojuvenil. 3. Poesia infantojuvenil brasileira. I. Lopes, Nei, 1942-. II. Côrtes, André. III. Título.

10-0312.   CDD: 028.5
                                                       CDU: 087.5

Av. Almirante Barroso, 22 | sala 806
[marca da MR Bens Gráfica e Editora Ltda.]
Rio de Janeiro, RJ | CEP 20031-000
Tel.: (21) 2524-5006
Printed in Brazil/ Impresso no Brasil

VOZES D'ÁFRICA

CASTRO ALVES

APRESENTAÇÃO DE NEI LOPES
ILUSTRAÇÕES DE ANDRÉ CÔRTES

escrita fina

Vozes d'África, o Poema nas Alturas

Nei Lopes

> "A África é um país só de imensas florestas,
> habitado por tribos de negros fortes, de dentes alvos,
> e por pigmeus alegres e brincalhões."

Essa frase, imaginada por mim, contém várias afirmações falsas.

A primeira é que a África não é um país e, sim, um continente. A segunda é que o continente africano tem, além de florestas, outros ambientes naturais. A terceira é que os habitantes da África pertencem a diversos tipos humanos. E, como seres humanos, eles podem ser fracos ou fortes, altos ou baixos, de pele mais ou menos escura, tristes ou alegres.

A frase imaginada por mim é falsa, mas não é totalmente absurda. Porque, muitas vezes, o cinema e as histórias em quadrinhos levam as pessoas a esse tipo de engano. Da mesma forma que os livros, quando não havia filmes nem televisão.

Falecido com apenas 24 anos, Castro Alves foi um poeta romântico. Isso quer dizer que o tipo de poemas que escreveu era mais emoção do que realidade. E foi assim que ele se tornou a voz mais comovente na luta contra um mal que envergonhou o Brasil por mais de quatrocentos anos. E que até hoje nos incomoda.

Um dos mais famosos poemas de Castro Alves foi *Vozes d'África*. Nele, o poeta escreve na primeira pessoa, como se ele próprio fosse o continente africano, implorando a Deus pelo fim da escravidão.

"Deus! Ó Deus! Onde estás que não respondes?", reclamou ele, pela África, de um sofrimento que já durava 2 mil anos, e que Deus parecia não ver.

Castro Alves, porém, viveu numa época em que pouco se conhecia da África. Em que não se percebia, por exemplo, que o Egito dos faraós foi uma civilização africana. Que deu, mas também recebeu, muita coisa no relacionamento com outras civilizações do seu continente.

Poucos sabiam, também, que, depois dos faraós, outras grandes civilizações se desenvolveram na África. E que, entre os escravizados no Brasil, havia muitos descendentes dos grandes governantes, artistas, guerreiros, líderes religiosos, sábios e inventores, construtores dessas civilizações.

Castro Alves, é claro, conhecia essa história. Mas foi buscar, em defesa da sua África, argumentos na Bíblia. Então, no poema, depois de enumerar os privilégios e virtudes de suas irmãs Europa e Ásia, comparando-os à sua má sorte, a personagem narra a Deus seu drama.

Diz que, depois do Dilúvio Universal, vendo um viajante negro, "sombrio, pálido, arquejante", que descia do monte Arará, onde a arca de Noé permaneceu e se salvou, ela, a África, ofereceu-se a ele como esposa: *"Cam!... serás meu esposo bem-amado... – Serei tua Eloá..."*

Cam ou Cão foi, segundo a mitologia do povo hebreu, o filho maldito de Noé, condenado a ser escravo por ter visto o pai nu, dormindo embriagado, e debochado dele. Seus filhos, chamados Cuxe, Egito, Líbia e Canaã, teriam herdado a maldição. Reproduzida na Bíblia, essa lenda fez crer que os negros africanos é que eram os "descendentes amaldiçoados de Cam", enquanto que os filhos, netos e bisnetos dos dois outros filhos – tanto os de Sem, "pai de todos os hebreus", quanto os de Jafet (entre os quais se contavam Espanha, Chipre e Rodes) – seriam os bem-aventurados. Assim, considerados a "raça maldita de Cam", os negros foram inferiorizados. Mas hoje se sabe que essa filiação foi apenas uma fantasia maldosa, criada para justificar a exploração escravista.

O poema, entretanto, mostra a África desgraçada não por ser descendente do amaldiçoado, mas por ter casado com ele. E, por força dessa maldição, ela vê "a ciência desertar do Egito", ou seja, as conquistas científicas do Egito serem apropriadas, como de fato aconteceu, nos tempos antigos, por cientistas gregos que as aprenderam com mestres egípcios.

Mas a África do poema fica só aí, nas areias do deserto, montada a cavalo, em trajes da cultura árabe. E lamentando não ter nem "uma sombra de floresta", para se proteger do sol inclemente.

Como outros escritores românticos de seu tempo, Castro Alves fixou seu olhar em apenas uma parte do continente, justamente aquela de onde não veio, salvo exceção, nenhum cativo para o Brasil. Fascinante, exótica, misteriosa, "oriental", como uma novela de TV, a África do poema não é a dos tambores, da dança, da filosofia. Nem a das artes em bronze, dos tecidos coloridos, das joias de ouro, da arquitetura. Muito menos a África das técnicas de guerra, sofisticadas, mas superadas pelos canhões e fuzis europeus. Mesmo assim, em *Vozes d'África*, um dos mais belos poemas de todos os tempos, e um dos discursos abolicionistas mais comoventes, Castro Alves elevou seu canto de liberdade às mais altas alturas. E foi ouvido. Como diz um provérbio africano: "o importante é a fala e não a tosse".

Nei Lopes é escritor e compositor.

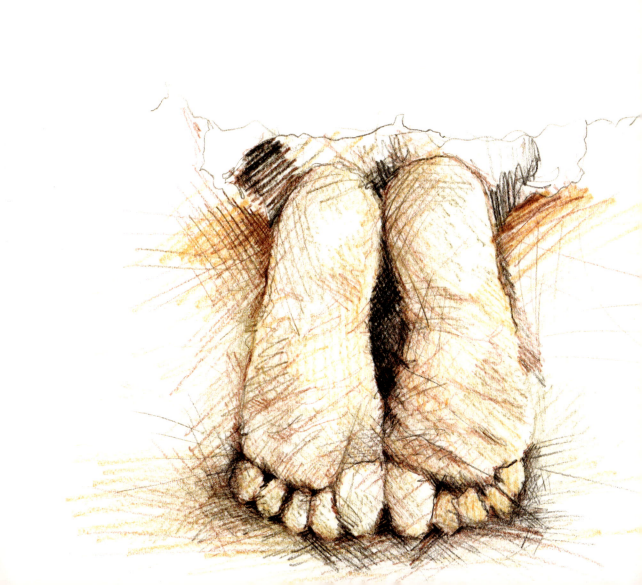

DEUS! Ó DEUS! ONDE ESTÁS QUE NÃO RESPONDES?

EM QUE MUNDO, EM QU'ESTRELA TU T'ESCONDES

EMBUÇADO NOS CÉUS?

HÁ DOIS MIL ANOS TE MANDEI MEU GRITO,

QUE EMBALDE DESDE ENTÃO CORRE O INFINITO...

ONDE ESTÁS, SENHOR DEUS?...

Qual Prometeu tu me amarraste um dia

Do deserto na rubra penedia

    — Infinito: galé!...

Por abutre — me deste o sol candente,

E a terra de Suez — foi a corrente

    Que me ligaste ao pé...

O cavalo estafado do Beduíno

Sob a vergasta tomba ressupino

    E morre no areal.

Minha garupa sangra, a dor poreja,

Quando o chicote do *simoun* dardeja

    O teu braço eternal.

Minhas irmãs são belas, são ditosas...

Dorme a Ásia nas sombras voluptuosas

Dos *haréns* do Sultão.

Ou no dorso dos brancos elefantes

Embala-se coberta de brilhantes

Nas plagas do Hindustão.

Por tenda tem os cimos do Himalaia...

Ganges amoroso beija a praia

    Coberta de corais...

A brisa de Misora o céu inflama;

E ela dorme nos templos do Deus Brama,

    — Pagodes colossais...

Sempre a láurea lhe cabe no litígio...

Ora uma c'roa, ora o *barrete frígio*

Enflora-lhe a cerviz.

Universo após ela – doudo amante

Segue cativo o passo delirante

Da grande meretriz.

A Europa é sempre Europa, a gloriosa!...

A mulher deslumbrante e caprichosa,

    Rainha e cortesã.

Artista – corta o mármor de Carrara;

Poetisa – tange os hinos de Ferrara,

    No glorioso afã!...

Mas eu, Senhor!... Eu triste abandonada

Em meio das areias esgarrada,

    Perdida marcho em vão!

Se choro... bebe o pranto a areia ardente;

talvez... p'ra que meu pranto, ó Deus clemente!

    Não descubras no chão...

E nem tenho uma sombra de floresta...

Para cobrir-me nem um templo resta

    No solo abrasador...

Quando subo às Pirâmides do Egito

Embalde aos quatro céus chorando grito:

    "Abriga-me, Senhor!..."

Como o profeta em cinza a fronte envolve,
Velo a cabeça no areal que volve
    O siroco feroz...
Quando eu passo no Saara amortalhada...
Ai! dizem: "Lá vai África embuçada
    No seu branco albornoz..."

Nem veem que o deserto é meu sudário,
Que o silêncio campeia solitário
    Por sobre o peito meu.
Lá no solo onde o cardo apenas medra
Boceja a Esfinge colossal de pedra
    Fitando o morno céu.

De Tebas nas colunas derrocadas

As cegonhas espiam debruçadas

O horizonte sem fim...

Onde branqueia a caravana errante,

E o camelo monótono, arquejante

Que desce de Efraim

Não basta inda de dor, ó Deus terrível?!

É, pois, teu peito eterno, inexaurível

　　De vingança e rancor?...

E que é que fiz, Senhor? que torvo crime

Eu cometi jamais que assim me oprime

　　Teu gládio vingador?!

Foi depois do *dilúvio*... um viandante,

Negro, sombrio, pálido, arquejante,

    Descia do Arará...

E eu disse ao peregrino fulminado:

"Cam!... serás meu esposo bem-amado...

    – Serei tua Eloá..."

Vi a ciência desertar do Egito...

Vi meu povo seguir – Judeu maldito –

    Trilho de perdição.

Depois vi minha prole desgraçada

Pelas garras d'Europa – arrebatada –

    Amestrado falcão!...

Desde este dia o vento da desgraça

Por meus cabelos ululando passa

    O anátema cruel.

As tribos erram do areal nas vagas,

E o *nômada* faminto corta as plagas

    No rápido corcel.

Cristo! embalde morreste sobre um monte
Teu sangue não lavou de minha fronte
     A mancha original.
Ainda hoje são, por fado adverso,
Meus filhos – alimária do universo,
     Eu – pasto universal...

Hoje em meu sangue a América se nutre
Condor que transformara-se em abutre,
     Ave da escravidão,
Ela juntou-se às mais... irmã traidora
Qual de José os vis irmãos outrora
     Venderam seu irmão.

Basta, Senhor! De teu potente braço

Role através dos astros e do espaço

Perdão p'ra os crimes meus!

Há dois mil anos eu soluço um grito...

escuta o brado meu lá no infinito,

Meu Deus! Senhor, meu Deus!!...

São Paulo, 11 de junho de 1868

GLOSSÁRIO DO POEMA

A

ALBORNOZ
Manto de lã com capuz, usado principalmente pelos árabes.

ALIMÁRIA
Animal de carga.

ANÁTEMA
Maldição.

ARARÁ
Maciço vulcânico na Turquia oriental (Armênia), onde,
segundo a Bíblia, pousou a arca de Noé.

B

BARRETE FRÍGIO
Espécie de touca vermelha usada na época
da Primeira República da França, proclamada em 1792.

BEDUÍNO
Árabe nômade do deserto.

BRAMA
Deus do hinduísmo.

C

CAM
Segundo filho de Noé, cuja irreverência para com o pai,
que se deitara em postura indecente após haver-se embriagado,
foi reprovado pelos irmãos. Segundo o Gênese, foi o antepassado
dos habitantes da África e da Ásia ocidental, os camitas.

CARDO
Planta espinhosa.

CERVIZ
Pescoço.

D

DILÚVIO
Episódio bíblico.

DITOSAS (DITOSO)
Felizes.

E

EFRAIM
Cidade da Palestina que serviu de refúgio a Jesus depois da ressurreição de Lázaro.

ELOÁ
Personagem título de um poema de muito sucesso do poeta romântico francês Alfred de Vigny (1797-1863). Eloá é um anjo, que nasceu de uma lágrima de Cristo, e tenta, por meio do amor, redimir Lúcifer.

EMBALDE
Em vão.

EMBUÇADO
Oculto.

ENFLORA
Enfeite com flores.

ESFINGE
Monstro mitológico da Antiguidade grega com corpo de leão e cabeça humana; estátua desse monstro.

G

GALÉ
Indivíduo condenado a trabalhos forçados.

GLÁDIO
Espada.

H

HARÉNS (HARÉM)
Alojamentos das mulheres no palácio de um sultão (príncipe) muçulmano.

HINDUSTÃO
Região da Índia.

I INEXAURÍVEL
Inesgotável.

J JOSÉ
Patriarca hebreu, filho de Jacó e Raquel (século XVI a.C). Vendido como escravo e levado para o Egito, transformou-se, segundo a Bíblia, em um dos líderes mais poderosos do delta do Nilo. É também referido como "José do Egito".

M MEDRA (MEDRAR)
Brota.

N NÔMADA (NÔMADE)
Pessoa que vive sem habitação fixa, deslocando-se sempre.

P PAGODES
Templos asiáticos.

PENEDIA
Rocha.

PLAGAS (PLAGA)
Regiões.

PROMETEU
Na mitologia grega, o Titã (gigante) que entregou o fogo divino aos Homens, tornando-os superiores aos outros animais. Como castigo, Zeus ordenou que Prometeu fosse amarrado a uma rocha onde diariamente uma águia (ou corvo) comeria seu fígado, que, por ser o titã imortal, sempre se regenerava.

R RESSUPINO
Emborcado.

S SIROCO
Vento quente e seco que sopra do norte do Deserto da África (Saara) em direção ao sul da Europa.

SIMOUM (SIMUM)
Vento quente e seco que sopra do sul do Deserto do Saara em direção ao norte.

SUDÁRIO
Espécie de lençol com que se envolve um cadáver; mortalha.

SUEZ (ISTMO DE)
Faixa de terra que separa o mar Vermelho do Mediterrâneo, entre Egito e Israel.

T

TEBAS
Cidade do Egito antigo, cujo apogeu ocorreu na XI dinastia faraônica.

TORVO
Sinistro.

U

ULULANDO (ULULAR)
Gritando de aflição ou de dor.

V

VERGASTA
Chicote.

Biografia
Castro Alves

O poeta Antônio Frederico de Castro Alves nasceu na fazenda Cabaceiras, próxima a Curralinho, hoje cidade Castro Alves, na Bahia, em 14 de março de 1847. Foi ele a figura literária mais expressiva do condoreirismo, a terceira fase do romantismo nacional, cujo foco eram as causas sociais, principalmente a abolicionista e a republicana.

Filho do médico Antônio José Alves e de Clélia Brasília da Silva Castro, falecida quando o escritor tinha 12 anos, Castro Alves mostrou-se desde criança apaixonado por poesia. Em 1854, transferiu-se com a família para Salvador, onde, em 1858, passou a estudar no Ginásio Baiano, escola em que declamou suas primeiras poesias.

Seu pai casou-se novamente em 1862, e ele e seu irmão mais velho, José Antônio, nessa ocasião, se mudaram para Recife.

No ano seguinte, contraiu tuberculose e sofreu sua primeira hemoptise.

Em 1864, mais uma perda: seu irmão mais velho, José Antônio, se suicidou. Por outro lado, uma alegria: depois de duas tentativas fracassadas, conseguiu se matricular na Faculdade de Direito, em Recife. Mas sua vocação maior para os versos e os amores fez com que se descuidasse dos estudos.

Em 1866, foi a vez de o pai do poeta falecer. Pouco depois, Castro Alves conheceu aquela que se tornou o grande amor de sua vida: a atriz portuguesa Eugênia Câmara. Esse período de amor intenso foi também de intensa inspiração. Sua poesia se sobressaía, tendo ele composto nessa fase seus dois poemas abolicionistas mais belos: "O navio negreiro" e "Vozes d'África"; aquele escrito no dia 18 de abril de 1868 e este em 11 de junho de 1868, ambos em São Paulo. Alcançou com seus dotes de poeta e orador enorme popularidade.

Também nessa época, precisamente, em maio de 1867, concluiu o drama *Gonzaga*, encenado por Eugênia Câmara em setembro do mesmo ano.

Em 1868, houve o término de sua relação com Eugênia Câmara, o que muito o abateu, mas não o impediu de continuar criando. Em 1870, publica o título *Espumas flutuantes*, único livro a lançar em vida.

Ainda em 1868, um tiro acidental em seu calcanhar, durante uma caçada, ocasionou a amputação, a frio, de seu pé esquerdo. Esse episódio debilitou significativamente sua saúde, provocando o agravamento da tuberculose, e acabou por vitimar o "Poeta dos Escravos" no dia 6 de junho de 1871, em Salvador, na Bahia, com apenas 24 anos.

Castro Alves é o patrono da cadeira nº 7 da Academia Brasileira de Letras.

Biografia
André Côrtes

O gosto pelo desenho, aprendido com minha mãe, misturado com o gosto de saber como as coisas eram feitas, herdado do meu pai, me levou a escolher a graduação em desenho industrial: na minha cabeça da época, a média aritmética entre arte e técnica.

Durante o curso, na PUC-Rio, tive dois grandes professores: Urian Agria de Souza, que me conduziu no processo de investigação da linguagem plástica com base no diálogo com materiais, técnicas gestos e temas, e Ana Maria Branco, que foi mestra, companheira e me ensinou a transpor o diálogo plástico para uma dinâmica projetual, que incluía a experimentação material orientada pela interação e convivência com um grupo social, para conhecer cultura e valorizar modos de fazer, artes de fazer, saberes locais.

Concluí a graduação em 1993 e o mestrado em design, pela mesma instituição, em 1999. Casei, tive dois filhos, um casal. Hoje, além do trabalho como ilustrador, dou aulas de desenho de observação e projeto básico na PUC-Rio. Sou o autor das aquarelas de abertura da série *Ó paí, ó!*, exibida pela Rede Globo. Participo de um projeto de arte-educação na comunidade quilombola Campinho da Independência, em Paraty, e ganhei o prêmio "Interações Estéticas 2009", da Funarte, para realizar residência artística na comunidade da Serrinha, em Madureira, acompanhando o grupo de Jongo.

Impressão: Gráfica Stamppa
Papel de capa: Supremo Suzano 300g
Papel de miolo: Couché Mate 150g
Composto em Minion 13/24